Este libro está dedicado a mis hijos - Mikey, Kobe y Jojo.

Copyright © 2022 Grow Grit Press LLC. Todos los derechos reservados. Ninguna parte de este libro puede ser reproducida en ninguna forma sin el permiso por escrito de la editorial. Por favor, envíe solicitudes de pedido al por mayor a growgritpress@gmail.com Impreso y encuadernado en los Estados Unidos. NinjaLifeHacks.tv   Tapa blanda ISBN: 978-1-63731-543-9 Tapa dura ISBN: 978-1-63731-544-6

Mis amigos dicen que transmito tanta positividad que les asombra.
Por ejemplo...

Cuando accidentalmente entro en charcos de lluvia, simplemente digo...

Si me caigo por las escaleras, solo digo...

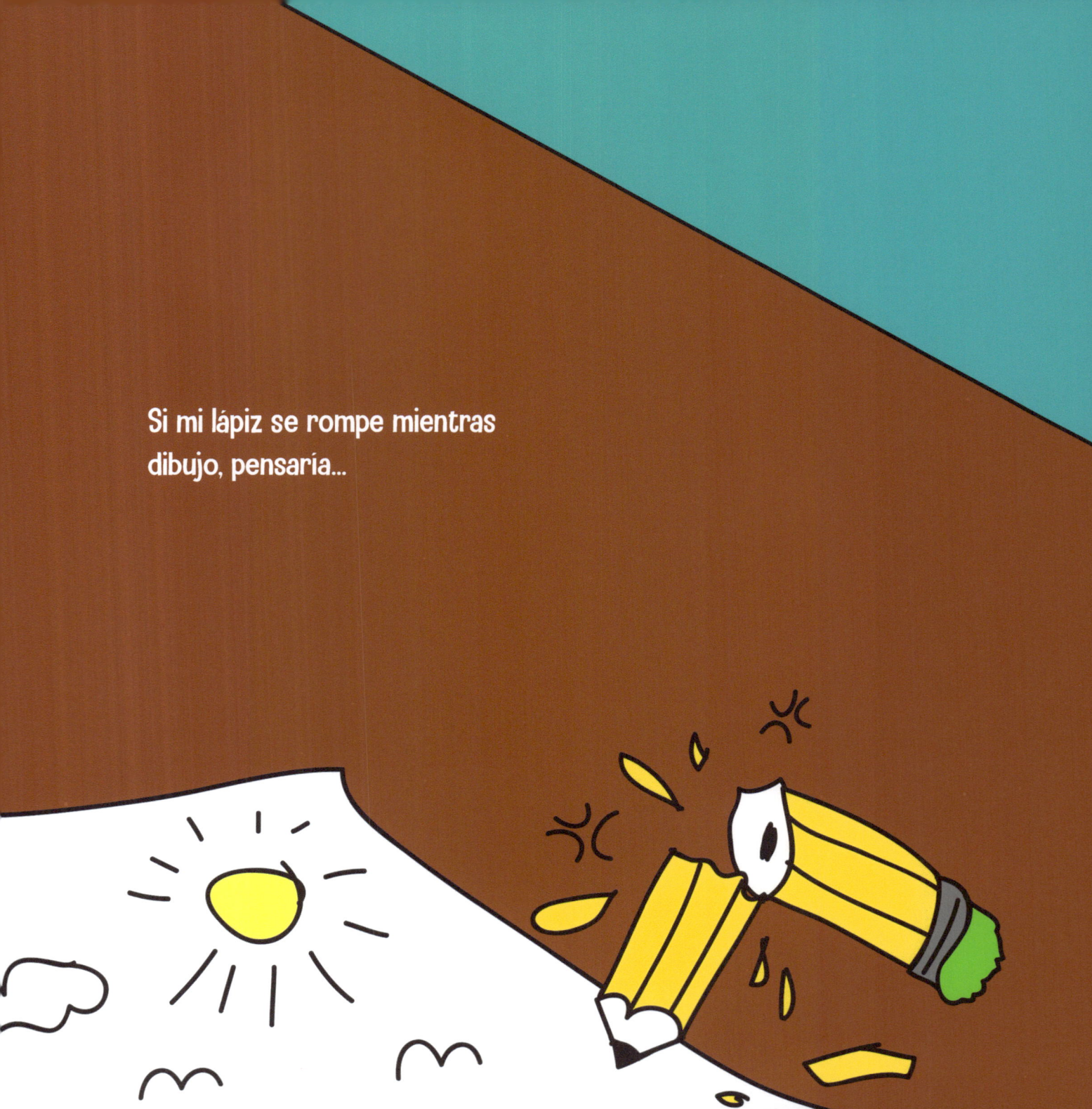

Me gusta ser positiva, pero no siempre ha sido así...

Érase una vez, que realmente podría ser bastante negativa.

Mientras hacia la tarea, decía...

Hasta que un día, mi amiga la Ninja Amable me sugirió que intentara una estrategia divertida de cambiar mi manera de pensar.
--¿Quieres que te muestre? --preguntó la Ninja Amable--.

¡Funcionó! A partir de ese día, me sentí mucho menos negativa y mucho más feliz.

El uso de esta estrategia de globos podría ser tu arma secreta contra los pensamientos negativos.

¡Visita ninjalifehacks.tv para obtener imprimibles divertidos gratis!

📷 @marynhin @GrowGrit
#NinjaLifeHacks

f Mary Nhin Ninja Life Hacks

▶ Ninja Life Hacks

♪ @ninjalifehacks.tv

www.ingramcontent.com/pod-product-compliance
Lightning Source LLC
Chambersburg PA
CBHW041105070526
44583CB00002B/70